Ein Jahr Westpfalz

One year in the West Palatinate | Une année en Palatinat Occidental

Durch unsere Region in einem Jahr

Ausgedehnte Wälder mit gewaltigen Felsformationen, sanfte Hügel oder malerische Burgen, Schlösser, Gärten und Parks: Die Westpfalz verblüfft mit einer landschaftlichen Vielfalt, die Gäste und Einheimische immer wieder ins Staunen versetzt.

Ob es die ersten Sonnenstrahlen im Frühling sind, ein erfrischender Freibadbesuch im Sommer, herbstliche Waldlichtungen oder zauberhafte Winterlandschaften – die Westpfalz möchte Sie zu jeder Jahreszeit in ihren Bann ziehen.

Mit diesem Bildband laden wir Sie ein, sich mit uns auf eine fotografische Reise zu begeben. Begleiten Sie uns auf den folgenden Seiten durch ein Jahr in unserer Region. Dabei zeigen wir Ihnen sowohl bekannte Reiseziele, als auch weitgehend unbekannte Kleinode, bei denen Ihnen das Herz höher schlagen wird.

Die Westpfalz ist eine Region mit hoher Lebensqualität, mit aufgeschlossenen Menschen, innovativen Unternehmen und renommierten Forschungseinrichtungen, die in einer ganz besonderen Umgebung arbeiten und leben. Hier werden Fremde schnell zu Freunden.

Ganz gleich, ob Ihnen die Westpfalz bereits bekannt ist oder nicht: Dieses Buch wird Sie neugierig machen, unsere Region und Ihre Landschaften (noch) besser kennenzulernen. Ich wünsche Ihnen viel Vergnügen beim Durchblättern, Staunen und Genießen!

Dr. Ludger Müller
Vorstandsvorsitzender
ZukunftsRegion Westpfalz e.V.

One year in our region

A breath-taking fusion of sprawling forests and towering cliffs, rolling hillside and picture-perfect castles, as well as charming local gardens and parks; the West Palatinate region of Germany amazes both tourists and locals alike.

The West Palatinate has a different kind of enchantment for every season; whether it's the first rays of spring sunlight, a refreshing midsummer dip in the open-air pool, an autumnal stroll through the forest or the fairy-tale wintertime countryside, you're bound to be bewitched by the region's beauty.

We invite you to embark on a photographic journey through the seasons with our photo book. Along the way, you'll discover famous tourist destinations, as well as the region's awe-inspiring hidden gems.

The West Palatine way of life is unique; visitors are welcomed with open arms, and friendly locals, innovative businesses and prestigious research institutes all co-exist against a backdrop of stunning scenery.

Whether you're familiar with the West Palatinate, or you're new to the region, this book will spark your intrigue to explore your distinctive surroundings. So please, sit back, relax and admire the magnificent photos of a year in our region.

Dr. Ludger Müller
Chairman
ZukunftsRegion Westpfalz e.V.

Notre région en une année

Étendues de forêts aux imposantes masses rocheuses, collines douces ou châteaux-forts, châteaux, jardins et parcs pittoresques : Le Palatinat Occidental impressionne par sa diversité paysagère, qui émerveille chaque fois de nouveau les visiteurs ainsi que les habitants de notre région.

Que ce soient les premiers rayons de soleil au printemps, une visite rafraîchissante des piscines en été, les clairières aux couleurs de l'automne ou des paysages hivernaux enchanteurs – le Palatinat Occidental va vous captiver à toute saison de l'année.

Avec ce livre illustré, nous vous invitons à faire un voyage photographique. Accompagnez-nous au fil des pages dans notre périple d'une année dans notre région. Ce faisant, nous vous montrons aussi bien des destinations connues que de joyaux presque inconnus qui feront battre votre cœur plus haut.

Le Palatinat Occidental est une région à haute qualité de vie, avec des habitants accueillants, des entreprises innovantes et des instituts de recherche renommés, qui travaillent et vivent dans un environnement hors du commun. Ici, tout étranger devient vite un ami.

Peu importe que vous connaissiez déjà ou non le Palatinat Occidental : Cet ouvrage éveillera votre curiosité et vous donnera envie de connaître (encore) mieux notre région et ses paysages. Je vous souhaite beaucoup de plaisir, d'émerveillement et de joie à feuilleter notre livre !

Dr. Ludger Müller
Président de l'association
ZukunftsRegion Westpfalz e.V.

Blick vom Luitpoldturm Richtung Pirmasens bei Leimen

Luitpoldturm bei Leimen

St. Michaelskapelle, Dahn

Felsformation Ruppertstein, Lemberg

Wegelnburg, Nothweiler

Teufelstisch, Hinterweidenthal

Luitpoldturm bei Leimen

Wegelnburg, Nothweiler

Burg Lichtenberg, Thallichtenberg

The Style Outlets, Zweibrücken

Merzalben

Haus der Nachhaltigkeit, Johanniskreuz

Wildpark Kaiserslautern

Wasgau bei Wilgartswiesen

Burgruine Lindelbrunn

Burg Altdahn, Dahner Felsenland

Burg Berwartstein, Erlenbach bei Dahn

Birkenwald nähe Luitpoldturm

Keltenwall am Donnersberg

Forum Alte Post, Pirmasens

Kriegerdenkmal, Otterbach

Landschaft bei Jettenbach

Waldrand bei Schönenberg-Kübelberg

Blick von der Wegelnburg, Nothweiler

Schloss Zweibrücken

Innenstadt, Kaiserslautern

Innenstadt, Pirmasens

Elf-Freunde-Kreisel, Kaiserslautern

Kaiserbrunnen am Mainzer Tor, Kaiserslautern

St. Martinsplatz, Kaiserslautern

Pfalztheater, Kaiserslautern

Alte Post, Pirmasens

Innenstadt, Kaiserslautern

Innenstadt, Kaiserslautern

Innenstadt, Kaiserslautern

Streitmühle, Altenglan

Fasanerie, Zweibrücken

Blick vom Dickenbergturm, Busenberg

Burg Berwartstein, Erlenbach bei Dahn

Exerzierplatz, Pirmasens

Fasanerie, Zweibrücken

Autobahn A62 bei Glan-Münchweiler

Talbrücke, Quirnbach

The Style Outlets, Zweibrücken

Königkreuzrennen, Göllheim

Boxkampf in der Fruchthalle, Kaiserslautern

Fraunhofer Institut, Kaiserslautern

$SmartFactory^{KL}$ des DFKI, Kaiserslautern

Galopprennbahn, Zweibrücken

Japanischer Garten, Kaiserslautern

Schlüsselfels, Busenberg

The Style Outlets, Zweibrücken

Bananabuilding, Pirmasens

Nachthimmel über dem Wasgau

Turmuhrenmuseum, Rockenhausen

Ehemalige Hofapotheke und Stadthausturm, Kirchheimbolanden

Jungfernsprung, Dahn

Burg Lichtenberg, Thallichtenberg

Westkurve im Fritz-Walter-Stadion, Kaiserslautern

Fritz-Walter-Stadion, Kaiserslautern

Vogelwoog, Kaiserslautern

Fraunhofer Institut, Kaiserslautern

Mammutbäume bei Landstuhl

Altschlossfelsen, Eppenbrunn

Altschlossfelsen, Eppenbrunn

Burg Falkenstein

Rosengarten, Zweibrücken

Imsbach

Karlstal bei Trippstadt

Wegelnburg, Nothweiler

Burg Altdahn, Dahner Felsenland

Wasgau-Blick auf dem Eyberg, Dahn

Pfälzerwoog, Ludwigswinkel

Pferdekoppel, Waldfischbach-Burgalben

Schottische Hochlandrinder, Herschweiler-Pettersheim

Waldlichtung bei Henschtal

Blick auf Kusel

Kohlenmeiler bei Sippersfeld

Burg Gräfenstein, Merzalben

Adlerbogen, Donnersberg

Eistalviadukt am Eiswoog bei Ramsen

Zellertal

Zellertal

Kerwe, Kaiserslautern

Wochenmarkt, Pirmasens

Baumwipfelpfad, Fischbach

Mammutbäume bei Landstuhl

Blick vom Dickenbergturm, Busenberg

Golf-Club Pfälzerwald, Waldfischbach-Burgalben

Wasserschleuse, Fischbach bei Dahn

Eulenkopfturm, Eulenbis

Reißender Fels, Steinbach

Konzert am Asternweg, Kaiserslautern

Westpfalzbühne, Lange Nacht der Kultur Kaiserslautern

Drachenfels, Dahn

Vogelwoog, Kaiserslautern

Teehaus im Japanischen Garten, Kaiserslautern

Seerosen bei Kirchheimbolanden

Marienkirche und Apostelkirche Kaiserslautern

Blick auf Schönau

Henschtal

Rosengarten, Zweibrücken

Hirsauer Kirche, Offenbach-Hundheim

Luitpoldturm bei Leimen

Burgruine Lindelbrunn

St. Martinsplatz beim Altstadtfest, Kaiserslautern

Schillerplatz, Kaiserslautern

Gelterswoog, Kaiserslautern

Mühlweiher, Ludwigswinkel

Rosengarten, Zweibrücken

Freibad Waschmühle, Kaiserslautern

Denkmal Maximilian I. Schloss Zweibrücken

St. Michaels Kapelle, Dahn

Exerzierplatz, Pirmasens

Feld bei Heltersberg

Burgruine Drachenfels, Busenberg

Backenzahn der Burgruine Drachenfels, Busenberg

Rambatreppe / Schlossbrunnen, Pirmasens

Spießbach, Fischbach

Feld bei Otterbach-Otterberg

Burg Falkenstein, Winnweiler

Rosengarten, Zweibrücken

Mehlinger Heide

Erzbergwerk, Fischbach

Teufelstisch, Hinterweidenthal

Exerzierplatz, Pirmasens

Pirminiuskirche, Pirmasens

Burg Altdahn, Dahner Felsenland

Mehlinger Heide

Wasgau, Lemberg

Wasserburg Reipoltskirchen

Fachwerkhaus, Steinalben

Blick vom Schlüsselfelsen, Dahner Felsenland

Weg zur Burg Wilenstein

Aschbacherhof

Stadtmauer, Kirchheimbolanden

Synagogendenkmal, Kaiserslautern

Theresienhof, Winnweiler

Schottisches Hochlandrind, Eppenbrunn

Kriegergedächtniskapelle Reifenberg

Saarbachhammer, Ludwigswinkel

Schwarzbachtal bei Burgalben-Clausensee

Unterhammer bei Trippstadt

Schlossbrunnen, Pirmasens

Alte Schuhfabrik / Bürgerhaus, Waldfischbach-Burgalben

Kloster Hornbach

Bremerhof, Kaiserslautern

Fasanerie, Zweibrücken

Rathaus Kaiserslautern

Burg Lichtenberg, Thallichtenberg

Philipp-Mees-Platz, Kaiserslautern

Pfälzerwald bei Pirmasens

St. Martinsplatz, Kaiserslautern

Marienkirche, Kaiserslautern

Zellertal

Kloster Hornbach

Kranzwoog im Moosbachtal

Rosengarten, Zweibrücken

Zellertal

Burgruine Lindelbrunn

Burg Berwartstein, Erlenbach bei Dahn

Altschlossfelsen, Eppenbrunn

Donnersberger Wald

Wald bei Nothweiler, Dahner Felsenland

Wasgau bei Lemberg

Wasgaublick vom Maiblumenfelsen

Blick ins Dahner Felsenland / Schindhard

Technische Universität, Kaiserslautern

Bahnhof Schopp

Saarbachhammer, Ludwigswinkel

Erdekaut, Eisenberg

Zellertal

Karlstal bei Trippstadt

Verena-Kapelle, Mittelbrunn

Wasgau bei Lemberg

Humbergturm, Kaiserslautern

Tschifflicker Dell bei Zweibrücken

Burg Lichtenberg, Thallichtenberg

Wald vor Burgruine Lindelbrunn

Wald bei Hauenstein

Fritz-Walter-Stadion und Innenstadt, Kaiserslautern

Adlerapotheke und Stiftskirche, Kaiserslautern

Wald bei Eppenbrunn

Weg zum Luitpoldturm / Hermersbergerhof

Weihnachtsmarkt Zweibrücken

Gartenschau, Kaiserslautern

Fruchthalle and Innenstadt, Kaiserslautern

Weihnachtsmarkt Zweibrücken

Weihnachtsmarkt Kaiserslautern

Weihnachtsmarkt Pirmasens

St. Laurentius, Dahn

Silvester in Dahn

Fotonachweise

Beck, Adolf
Seiten 60, 74, 157 o., 208, 209

Brenner, Thomas
Seite 186

Clev, Dr. Hans-Günther
Seiten 42, 44 l., 44 r., 81, 100, 110, 111, 136, 159, 162, 163, 165, 210, 225

DFKI – Deutsches Forschungszentrum für künstliche Intelligenz
Seite 63

Dietrich, Liane
Seite 67

Engel, Stefan
Seiten 11, 22, 52/53, 68/69, 72/73, 76, 90, 91, 123, 133, 137, 138, 140, 151, 169, 190, 206/207, 220, 232, 233

Escherle, Mario
Seiten 23, 32, 37, 38, 93, 141, 221, 223

Faustmann, Jörg
Seite 211

Fraunhofer IESE – Fraunhofer-Institut für Experimentelles Software Engineering
Seite 62

Fruth, Torben
Seiten 82 r., 97, 216

Gamio, Christian Fernández
Seiten 16/17, 31, 40, 48/49, 54, 106/107, 160/161, 192/193, 198/199, 200, 202/203, 212/213

Gaul, Axel
Seiten 116/117, 217 o.

Gläser, Andreas
Seiten 114, 118, 142/143, 187

Gottschalk, Michael
Seiten 102, 131

Gütgemann, Rainer
Seite 196

Hörle, Benjamin
Seiten 61, 78, 128, 205

Keller, Ralf
Seiten 77, 85, 105, 149, 158, 173, 179, 228

Kröher, Harald
8/9, 10, 12/13, 14, 15, 18, 19, 20, 21, 24, 25, 26/27, 30, 34/35, 36, 40, 43 o., 45, 46, 47, 55, 59 u., 75, 83, 86, 87, 103, 108 u., 112, 115, 122, 127, 134, 135, 139, 148, 150, 152, 154/155, 156, 157 u., 164, 167, 170/171, 172, 174/175, 180/181, 183, 184/185, 194, 195, 201 o., 201 u., 204, 214/215, 222, 224, 226/227, 229, 230 o., 230 u., 231

Kusch, Andreas
Seiten 146/147

Löwe, Barbara
Seite 71

McNeil-Siebenlist, Sandra
Seiten 82 l., 108 r.

Rübel, Michael
Seiten 39, 50, 58, 59 o., 93, 94, 95, 119, 121, 124/125, 217 u., 218/219

Sahin, Gürel – Zadra Gruppe Zweibrücken
Seiten 51, 56/57, 70, 84 o.r., 178 u.

Schädrich, Dieter
Seite 66

Schlachter, Judith
Seite 120

Schmitt, Ina
Seiten 33, 96

Schneble, Dennis
Seiten 104, 129, 153

Schwarze, Walter
Seiten 80, 113, 168

Stadt Kaiserslautern
Seite 182

Stammler, Gérard
Seiten 28/29, 43 u., 144, 166

View – Die Agentur
Seite 126

Weidler, Christian
Seiten 92, 132, 176

Wojtas, Anna
Seiten 64/65, 79, 84 o.l., 84 u., 88/89, 99, 101, 109, 130, 145, 177, 178 o.,188, 189, 191 o., 191 u., 197

www.zebe-pr.de
Seite 108 o.

Herausgeber
ZukunftsRegion Westpfalz e.V. (ZRW)
Bahnhofstraße 26–28
D-67655 Kaiserslautern
info@zukunftsregion-westpfalz.de
www.zukunftsregion-westpfalz.de

Projektleitung ZRW
Dr. Hans-Günther Clev
Friederike Barie

Konzept & Realisation
Tailor & Partner Werbeagentur, Kaiserslautern

Druck
Kerker Druck, Kaiserslautern